Inhalt

Städte kämpfen gegen den Feinstaub

Kernthesen

Beitrag

Fallbeispiele

Weiterführende Literatur

Impressum

Städte kämpfen gegen den Feinstaub

I.Zeilhofer-Ficker

Kernthesen

- Würden die von der EU festgelegten Feinstaubgrenzwerte in der BRD flächendeckend eingehalten, so könnte die durchschnittliche Lebenserwartung der Deutschen um 10,2 Monate verlängert werden.
- Vor allem in den Ballungszentren der Großstädte ist damit aber bei realistischer Einschätzung in den nächsten ein bis zwei Jahren kaum zu rechnen.
- Erst die Ausrüstung aller Lkws, Busse, Nutz- und Privatfahrzeuge mit Dieselrußfilter sowie eine Verlagerung des Verkehrs auf umweltfreundliche Alternativen verspricht

langfristig eine Verbesserung der Luftqualität.
- In der Zwischenzeit versucht man mit Nassreinigungen, Fahrverboten für Dieselfahrzeuge und finanzpolitischen Anreizen die Feinstaub-Emissionen in Schach zu halten.

Beitrag

Feinstaub gefährdet unsere Gesundheit. Laut WHO könnte jeder Deutsche im Durchschnitt 10,2 Monate länger leben, würden die von der EU 1999 festgelegten Grenzwerte sofort eingehalten. Davon sind manche Großstädte allerdings noch Meilen entfernt. Politik, Verwaltung und Industrie haben alle zusammen verschlafen, auf die hohen Luftqualitäts-Anforderungen früh genug zu reagieren und schieben sich nun gegenseitig den Schwarzen Peter der Schuldfrage zu. (1), (2), (3)

Die Problematik

Schon 1999 wurde per EU-Richtlinie festgelegt, dass die Belastung mit Feinstaub im Jahresdurchschnitt nicht mehr als 40 Mikrogramm pro Kubikmeter Luft (myg/cbm) im Jahresdurchschnitt betragen darf. Die Höchstbelastung pro Tag mit diesen Feinstpartikeln unter 10 Mikrometer sollte bei 50 myg/cbm liegen, wobei dieser Wert an bis zu 35 Tagen im Jahr überschritten werden darf. (2)

Die Wissenschaft hat mittlerweile eindeutig bewiesen, dass Feinstaub für den Menschen, vor allem für Kranke und Kinder, extrem gefährlich sein kann. Die Partikel dringen über die Atemluft in die Lunge ein, Kleinstpartikel unter 2,5 Mikrometer durchdringen gar die Lungenbläschen und gelangen von dort in den Blutkreislauf. Entzündungen, Krebs, Thrombosen und Infarkte können ausgelöst werden. (2), (4)

Die Ursachen für Feinstaub sind vielfältig. Natürliche Quellen wie Erdstaub und Pollen vermischen sich mit Industrieabgasen, Zigarettenrauch, der Emission von Heizanlagen, dem Straßen- und Reifenabrieb sowie den Abgasen des gesamten Verkehrs. Je nach Wetterlage "reist" der Feinstaub über weite Strecken und sammelt sich bei bestimmten Wetterlagen an. Die von anderen Gebieten kommende Feinstaubbelastung kann nur durch internationale Maßnahmen wie allgemeingültige Emissionsvorschriften und international durchzuführendem Emissionshandel begegnet werden. Lokal bekämpft werden kann allerdings das

Partikelaufkommen, das vom Straßenverkehr verursacht wird. Und das ist bitter nötig. (5), (6)

Es ist eine Tatsache, dass viel Verkehr gleichbedeutend ist mit viel Feinstaub. So werden europaweit die höchsten Messergebnisse dort gemeldet, wo das Verkehrsaufkommen besonders hoch ist. Bis zu 50 Prozent der Feinstaubbelastung ist mancherorts auf den Straßenverkehr zurückzuführen. Einen besonders hohen Anteil daran haben Dieselfahrzeuge ohne Rußfilter. Diese Rußpartikel sind außerdem aufgrund ihrer chemischen Eigenschaften und Größe für den menschlichen Körper extrem gefährlich. Die politische und mediale Diskussion dreht sich deshalb vorwiegend um Maßnahmen gegen Dieselfahrzeuge bzw. dem Straßenverkehr im allgemeinen. (5)

Städte im Aktionszwang

Anfang April war bereits in sechs Städten der BRD die Maximalbelastung mit Feinstaub überschritten. In Stuttgart, München, Dortmund, Düsseldorf, Braunschweig und Hannover hatte man bis dahin öfter als 35 mal den Maximaltageswert von 50 myg/cbm gemessen. Augsburg, Leipzig, Berlin und Passau werden sich wohl demnächst in die Liste der

Feinstaubsünder einreihen. Die Reaktionen der einzelnen Stadtverwaltungen sind doch sehr unterschiedlich. Während in Dortmund, Düsseldorf, Braunschweig und Hannover sofortige Maßnahmen wie Fahrverbote für Dieselfahrzeuge ohne Filter und tägliche Nassreinigung der betroffenen Straßen eingeleitet wurden, ist man in Stuttgart und München noch zögerlicher. (7), (10), (13)

In München ist das Schwarzer-Peter-Spiel in vollem Gange. Während der bayerische Umweltminister Schnappauf davon ausgeht, dass die Städte selbständig "die Benutzung bestimmter Straßen zum Schutz der Wohnbevölkerung vor Lärm und Abgasen beschränken oder verbieten" können, moniert die Stadtverwaltung, dass die Regierung von Oberbayern entsprechende Anträge bisher blockiert hätte. Das von München gewünschte Transit-Verbot für den Schwerlastverkehr ist kürzlich vom Kabinett des Freistaats befürwortet worden und sollte daher in Kürze Realität werden können. (9), (11)

In Stuttgart dagegen ist erst einmal ein Aktionsplan in Arbeit. Dieser soll Mitte Juni präsentiert werden und sieht als erste Maßnahme die verbesserte Nassreinigung der Straßen vor. Ein Pilotversuch wird zwar vorbereitet, die Finanzierung von rund 250 000 Euro ist aber noch ungeklärt. Ab nächstes Jahr sollen dann Fahrverbote für Dieselstinker geprüft, sowie

Vorzugstarife für öffentliche Verkehrsmittel an besonders mit Feinstaub belasteten Tagen eingeführt werden. (12), (13), (15)

Zusätzlicher Druck auf die Städte kommt von diversen Klagen bei den Verwaltungsgerichten, die von Privatpersonen in München und Berlin mit Unterstützung der Deutschen Umwelthilfe angestrengt wurden. Eingeklagt werden sollen damit verschiedene Einzelmaßnahmen wie Straßensperrungen oder Fahrverbote. Inwieweit diese Klagen Erfolg haben werden, bleibt abzuwarten. (8), (10), (14)

Einig sind sich alle, dass auch von Bund und Ländern als Gesetzgeber endlich Aktionen kommen müssen. Die jetzt von den Ländern geforderte Kennzeichnungsverordnung für Dieselfahrzeuge wurde vom Bundesumweltministerium bereits in 2003 vorgelegt, war aber vom Bundesrat zurückgewiesen worden. Für entsprechende Verkehrsschilder muss gesorgt werden. Die größte Wirkung ist von einer steuerlichen Förderung von Dieselrußfiltern zu erwarten. Ein KFZ-Steuernachlass von 350 Euro für Neufahrzeuge und 250 Euro für Filternachrüstungen wurde vom Bundesumweltministerium vorgeschlagen und soll noch im Mai vom Kabinett abgesegnet werden. Da diese Förderung aber Steuermindereinnahmen der Länder in Höhe von rund 1,2 Milliarden Euro bedeuten würde, ist die Ablehnung des Ländergremiums schon jetzt sicher. Diese fordern stattdessen eine aufkommensneutrale Bonus-Malus-Regelung, bei der die ungefilterten Dieselfahrzeuge be- und die Filterfahrzeuge entlastet werden. (16)

Einigkeit gibt es dagegen für das Vorhaben, ab 2006 die Lkw-Maut noch stärker emissionsabhängig zu spreizen. Bund und Länder befürworten eine Verteuerung der bereits jetzt abgasabhängigen Lkw-Maut für Fahrzeuge, die viel Feinstaub produzieren. Lkws mit Rußfilter dagegen sollen stärker entlastet werden.(17)

Fallbeispiele

Daimler-Chrysler hat mit Blue-Tec erstmals eine Dieselrußfilter-Technologie für Lastwagen im Angebot. Für rund 7000 Euro Aufpreis werden die Lkws mit einem zusätzlichen Tank für eine Harnstofflösung (Adblue) sowie einem Katalysator ausgestattet. Der Harnstoff wird im Katalysator dem heißen Abgas zugeführt, wodurch der Ruß fast komplett verbrannt wird. Damit erreicht das

Fahrzeug die ab 2009 vorgeschriebenen Abgas-Grenzwerte der Euro-5. (21)

Die Stärkung des öffentlichen Nahverkehrs steht in fast jedem Aktionsplan der belasteten Städte. Wie diese "Stärkung" in der Praxis aussieht, bewiesen nun gerade die "dreckigsten" Städte der Bundesrepublik. In Stuttgart wurden die Preise für öffentliche Verkehrsmittel um 2,9 Prozent angehoben, in München um 3,5 Prozent und in Düsseldorf gar um 4,5 Prozent. Wie man durch höhere Preise mehr Kunden zum Umsteigen vom Auto auf Bahn und Bus bringen will, dürfte kaum jemand erklären können. (22)

Kein Problem mit Feinstaub haben dagegen die Wiesbadener Bürger und Politiker. Schon 1996 wurde der dortige Busfuhrpark auf Filter umgestellt, die jetzt für rund 700 000 Euro durch modernste Sintermetallfilter ersetzt werden. Für ihre Vorreiterrolle in Sachen Umweltschutz wurde die Stadt im April 2005 von der Deutschen Umwelthilfe ausgezeichnet. (23)

Weiterführende Literatur

(1) Deutsche leiden besonders unter Feinstaub Weltgesundheitsorganisation stellt neue Daten vor -

Technische Maßnahmen wie Dieselrußfilter reichen nicht aus, um Belastung auf Dauer zu reduzieren
aus DIE WELT, 15.04.2005, Nr. 87, S. 4

(2) WHO fordert Massnahmen gegen Feinstaub Gesundheitsschäden wissenschaftlich erwiesen
aus Neue Zürcher Zeitung, 15.04.2005, Nr. 87, S. 19

(3) Die unsichtbare Gefahr
aus Der Spiegel, 04.04.2005, Nr. 14, Seite 78

(4) Feinstaub als Stäublein auf der Waage
aus Süddeutsche Zeitung, 18.04.2005, Ausgabe Deutschland, S. 2

(5) Viel Staub um nichts? Bald wird Berlin gegen EU-Recht verstoßen, weil die Belastung mit Feinstaub zu hoch ist. Doch unsere Luft ist besser, als es die Debatte vermuten lässt. Höchste Zeit, Berlins Feinstaub aufzudröseln
aus taz Berlin lokal, 09.04.2005, S. 26

(6) Woltereck, Stefan / Fischer, Jochen, Das ist aber gar nicht fein, Sonntag Aktuell, 10.04.2005, S. 18
aus taz Berlin lokal, 09.04.2005, S. 26

(7) feinstaub Wege aus der Feinstaubfalle Fahrverbote für Lkw ohne Filter und geringere Maut für umweltfreundliche Wagen geplant
aus Berliner Morgenpost, 07.04.2005, Nr. 94, S. 6

(8) Deutsche Umwelthilfe verklagt die Stadt München

aus Frankfurter Allgemeine Zeitung, 30.03.2005, Nr. 73, S. 1

(9) Grosse Aufregung um den feinen Staub In deutschen Städten werden EU-Grenzwerte überschritten Diskussion um Russpartikelfilter
aus Neue Zürcher Zeitung, 01.04.2005, Nr. 75, S. 7

(10) Klage gegen München
aus Süddeutsche Zeitung, 29.03.2005, Ausgabe Deutschland, S. 39

(11) O. V., "Von Versäumnissen keine Rede", DVZ Deutsche Verkehrszeitung, Nr. 044, 14.04.2005
aus Süddeutsche Zeitung, 29.03.2005, Ausgabe Deutschland, S. 39

(12) Schunder, Josef, Kehrversuch gegen Feinstaub frühestens im Herbst, Stuttgarter Nachrichten, 19.04.2005, S. 17
aus Süddeutsche Zeitung, 29.03.2005, Ausgabe Deutschland, S. 39

(13) Hilbig, Michael / Mayer Kurt-Martin, Verkehr - Maut ab 3,5 Tonnen, FOCUS, 11.04.2005, Ausgabe: 15, S. 42 - 43
aus Süddeutsche Zeitung, 29.03.2005, Ausgabe Deutschland, S. 39

(14) "Mit Klagen erzeugen wir nur Aktenstaub"
aus Frankfurter Allgemeine Zeitung, 30.03.2005, Nr. 73, S. 2

(15) Schunder, Josef, Erste Fahrverbote vielleicht vor 2008 - Mächtig viel Feinstaub, Stuttgarter Nachrichten, 16.04.2005, S. 23
aus Frankfurter Allgemeine Zeitung, 30.03.2005, Nr. 73, S. 2

(16) Brüning, Nicola / Opitz, Olaf, Verkehr - Geld aufwirbeln, FOCUS, 18.04.2005, Ausgabe: 16, S. 28
aus Frankfurter Allgemeine Zeitung, 30.03.2005, Nr. 73, S. 2

(17) Verkehrsminister bereiten höhere Lkw-Maut vor
aus Süddeutsche Zeitung, 08.04.2005, Ausgabe Deutschland, S. 5

(18) Franzosen nutzen die Gunst der Stunde
aus HORIZONT 14 vom 07.04.2005 Seite 024

(19) Zintz, Klaus, Rußfilter zum Nachrüsten sind reif für den Markt, Stuttgarter Zeitung, 15.04.2005, S. 10
aus HORIZONT 14 vom 07.04.2005 Seite 024

(20) O. V., Front gegen Mauterhöhung für "Stinker", DVZ Deutsche Verkehrszeitung, Nr. 044, 14.04.2005-04-23
aus HORIZONT 14 vom 07.04.2005 Seite 024

(21) Bock, Jürgen, Schadstoffarm bis nach Sizilien - mit Harnstoff, Stuttgarter Nachrichten, 13.04.2005, S. 22
aus HORIZONT 14 vom 07.04.2005 Seite 024

(22) Frey, Gerda, Feinstaub - Falsche Signale, FOCUS-

MONEY, 13.04.2005, Ausgabe 16, S. 6
aus HORIZONT 14 vom 07.04.2005 Seite 024

(23) Busse fahren bald mit modernsten Rußfiltern
Deutsche Umwelthilfe zeichnet Wiesbaden aus / OB
Diehl: "Thema Feinstaub ist von der
Automobilindustrie verschlafen worden"
aus Frankfurter Rundschau v. 19.04.2005, S.35,
Ausgabe: R Region

Impressum

Städte kämpfen gegen den Feinstaub

Bibliografische Information der deutschen Nationalbibliothek

Die Deutsche Nationalbibliothek verzeichnet diese Publikation in der deutschen Nationalbibliografie; detaillierte bibliografische Daten sind im Internet über http://dnb.d-nb.de abrufbar.

ISBN: 978-3-7379-1451-2

© 2015 GBI-Genios Deutsche Wirtschaftsdatenbank GmbH, Freischützstraße 96, 81927 München, www.genios.de

Alle Rechte vorbehalten. Dieses Werk ist einschließlich aller seiner Teile – z.B. Texte, Tabellen und Grafiken - urheberrechtlich geschützt. Jede Verwertung außerhalb der Grenzen des Urheberrechtsgesetzes bedarf der vorherigen Zustimmung des Verlags. Dies gilt insbesondere auch für auszugsweise Nachdrucke, fotomechanische Vervielfältigungen (Fotokopie/Mikroskopie), Übersetzungen, Auswertungen durch Datenbanken oder ähnliche Einrichtungen und die Einspeicherung und Verarbeitung in elektronischen Systemen.